Bereit für das Töpfchen

Ein Buch über das Töpfchen - Training für Kinder

Dieses Buch gehört:

Geschrieben von Dr. Fei Zheng-Ward   Illustriert von Moch. Fajar Shobaru

ISBN 979-8-89318-123-4 (eBook)
ISBN 979-8-89318-124-1 (Taschenbuch)

Wolltest du schon
mal schneller
laufen können?

Das kannst du schaffen,
wenn du keine Windel
mehr tragen musst, die
dich ausbremst.

Was kannst du alles schneller und besser machen, wenn du keine Windel mehr brauchst?
Weiter Schaukeln
Schneller klettern
Besser Tanzen
Höher Springen

Große Kinder benutzen die Toilette, aber alle haben mal damit angefangen, aufs Töpfchen zu gehen, als sie so groß waren wie du.

Es ist sicher, das Töpfchen oder die Toilette zu benutzen und du darfst dir dafür so viel Zeit nehmen, wie du brauchst.

Woran merkst du, dass du mal musst?

Hast du Bauchweh oder fühlt sich dein Bauch voll an?

Kreuzt du die Beine und hältst dich an deiner Hose fest?

Versteckst du dich an deinem Lieblingsplatz?

Hast du schon mal versucht, eine Toilette zu benutzen?

Kreise deine Antwort ein: *Ja* *Nein*

Wenn du merkst, dass du Pipi oder Kacka machen musst, welches Töpfchen benutzt du dann?

Kreise die Farbe deines Töpfchens ein:

Grün Gelb Blau

Pink Weiß

Andere:____________

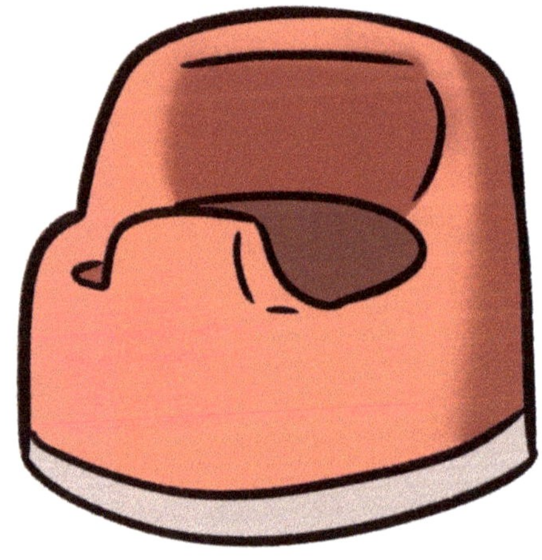

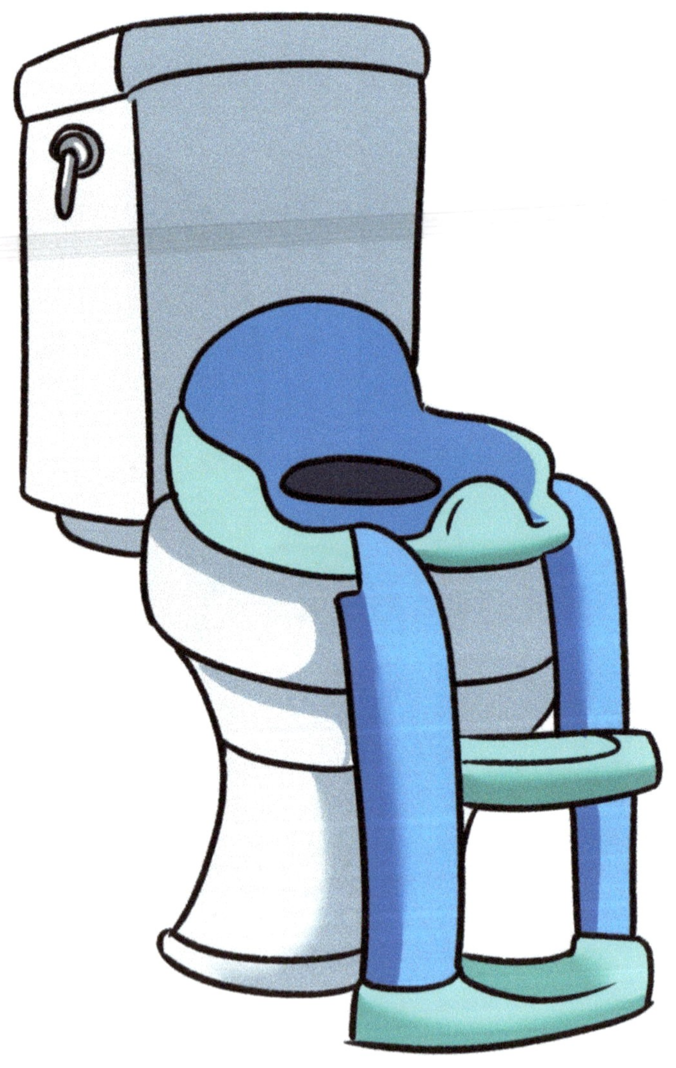

Mach es dir bequem auf deinem Töpfchen und schau, ob du kannst.

Entspann dich und gib dein Bestes.

Falls du nicht sofort kannst, ist das völlig okay! Du kannst es immer noch später versuchen.

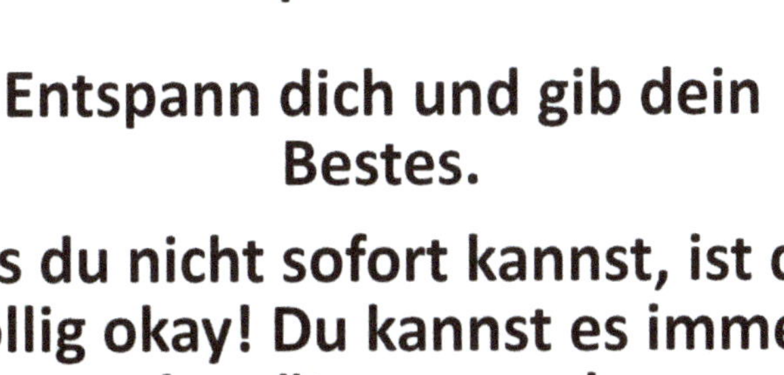

Hast du ein Töpfchen-Lied, das du singen möchtest, oder ein Buch, das du gerne lesen möchtest, wenn du auf dem Töpfchen sitzt?

Kreise deine Antwort ein: **Ja**   **Nein**

Lass uns dieses Töpfchen-Lied zusammen singen:

Töpfchen, Töpfchen, hier komm ich.
Plitsch, Platsch - da geht's ins Klo.
Pups, Pups - jetzt bin ich frei.

Wenn du erst noch warten musst und es später noch mal probierst, entspann dich vorher.

Was hilft dir beim Entspannen?

Ein Töpfchen-Lied singen

Deinen Bauch sanft reiben

Ein Buch lesen

Deinem Lieblingskuscheltier zeigen, dass du auf ein Töpfchen gehst

Mehr Obst oder Gemüse zu essen und viel Wasser zu trinken kann dabei helfen, damit kein Kacka weich ist und leichter rauskommt.

Du wirst vielleicht verschiedene Geräusche hören, die dir zeigen können, dass du es geschafft hast.

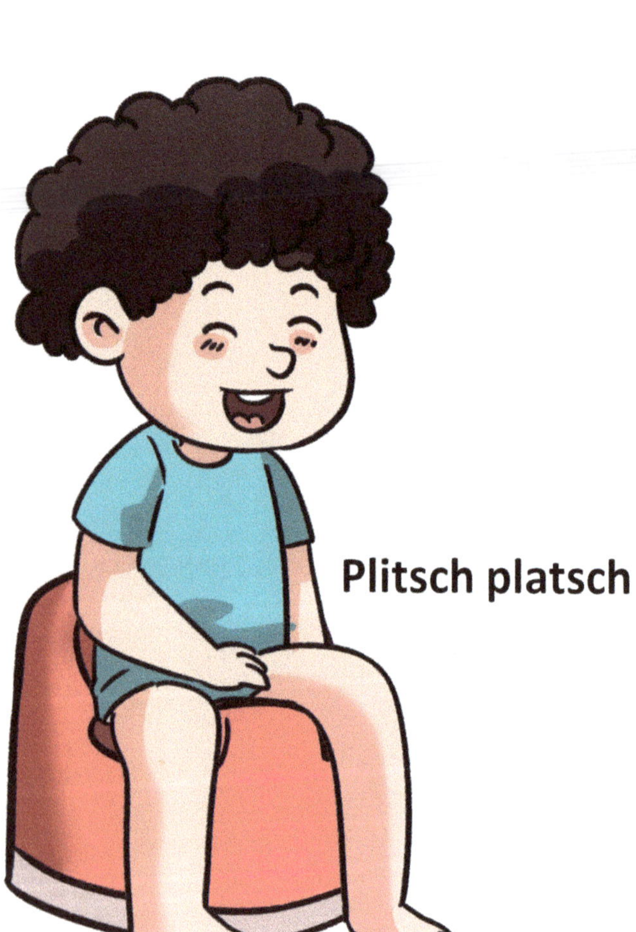

Wenn du auf dem Töpfchen fertig bist, vergiss nicht, abzuwischen, die Toilette zu spülen (wenn du eine benutzt) und deine Hände gründlich mit Seife und Wasser zu waschen.

Keine Sorge; ein Erwachsener hilft dir dabei.

Hier sind die Schritt, wenn du auf das Töpfchen musst:

1

Wenn du merkst, dass du musst, geh zu deinem Töpfchen

2

Zieh deine Hose herunter

3

Setz dich bequem auf das Töpfchen und mach dein Geschäft

4

Wenn du fertig bist, wisch dich ab

5

Zieh deine Hose wieder hoch

Spül das Klo (wenn du eines benutzt)

6

7

Wasch und trockne deine Hände ab

Du schaffst das!

Wenn du die Schritte gut verinnerlicht hast, kannst du sogar deiner kleinen Schwester oder deinem kleinen Bruder oder deinem Kuscheltier zeigen, wie man richtig aufs Töpfchen geht.

Manchmal passiert ein kleines „Upsie"
- und auch das ist völlig okay!

Du wirst immer besser, je öfter du das Töpfchen benutzt.

Alles braucht seine Übung. Bleib einfach dran und benutz immer das Töpfchen!

Du kriegst das hin!

Jedes Mal, wenn du das Töpfchen benutzt, wirst du ein Stückchen besser.

Sobald du keine Windeln mehr brauchst, wirst du auch mal Unterwäsche tragen, die verschiedene Farben und teilweise Muster hat.

Welche Farbe soll deine Unterwäsche haben? Kreise deine Antwort(en) ein:

rot   grün   gelb   blau

pink   orange   lila   schwarz

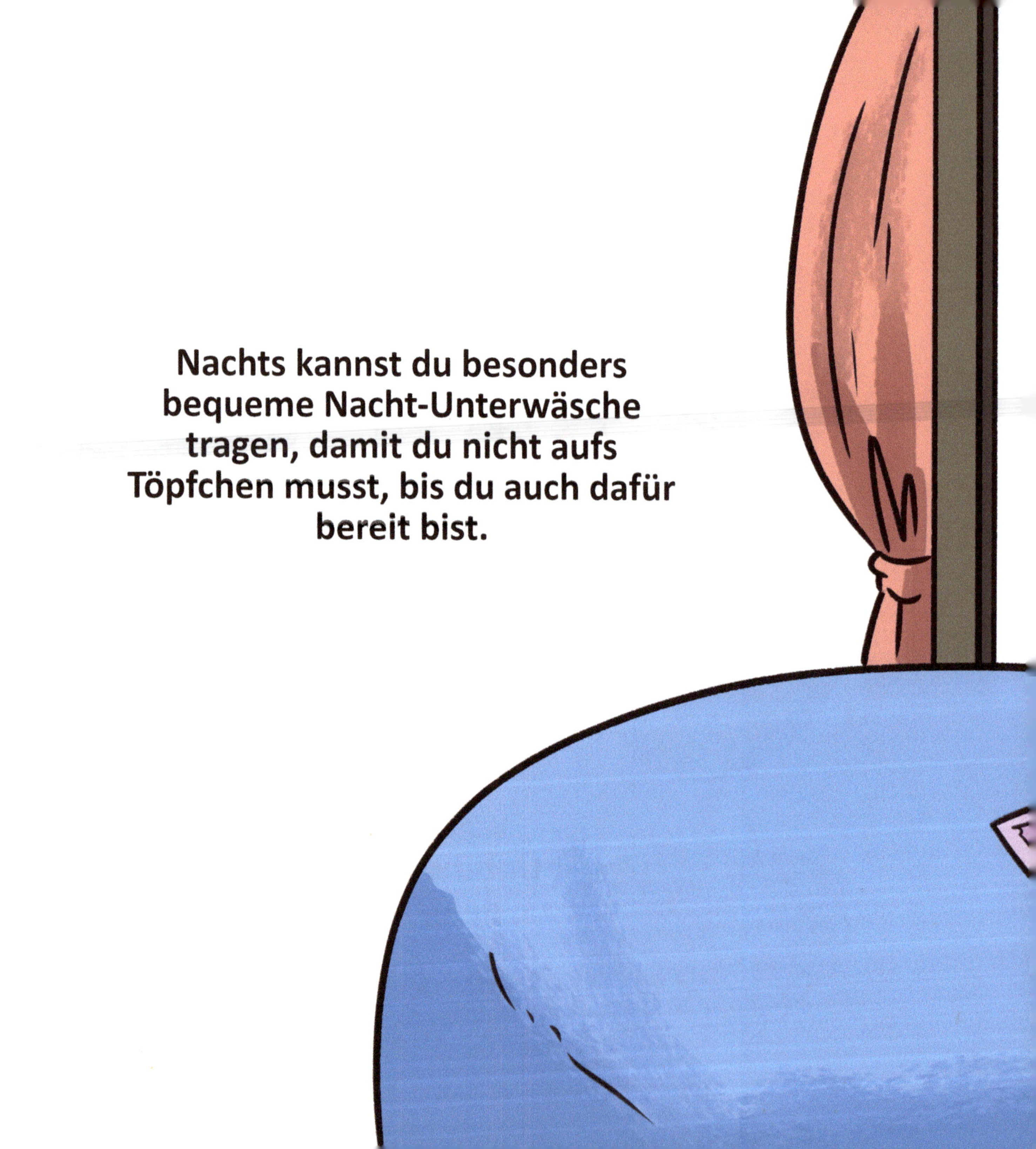
Nachts kannst du besonders
bequeme Nacht-Unterwäsche
tragen, damit du nicht aufs
Töpfchen musst, bis du auch dafür
bereit bist.

Jetzt, wo du keine Windeln mehr trägst und die Unterwäsche für große Kinder anhast, kannst du bestimmt viel schneller rennen und dich auch freier bewegen.

Wie feierst du am liebsten deinen Erfolg?

Herzlichen
Glückwunsch,
großes Kind!

Hat dieses Buch deinem Kind bei der Operation geholfen?
Wenn ja, würde ich mich sehr freuen darüber zu hören!

www.amazon.com/gp/product-review/B0FKD7R39Y

Weitere Bücher können hier gefunden werden:

www.fzwbooks.com

Kontakt mit der Autorin

E-Mail: books@fzwbooks.com
facebook/instagram: @FZWbooks

Bücher von der Autorin